AF562452

L27n
24987

QUELQUES MOTS

SUR

MONTESQUIEU.

QUELQUES MOTS

SUR

MONTESQUIEU

PAR

M. JEANDET

Membre de la Société impériale d'Emulation de l'Ain.

BOURG,

IMPRIMERIE MILLIET-BOTTIER.

1869.

QUELQUES MOTS
SUR
MONTESQUIEU.

(Lecture faite à la Société d'Émulation de l'Ain.)

Messieurs,

Je viens vous entretenir un instant de l'un des hommes qui ont le plus honoré la France, de Montesquieu, grand écrivain, moraliste discuté, penseur profond dont les œuvres resteront comme un monument de philosophie politique. Montesquieu a été l'objet d'appréciations très-diverses, surtout de son vivant, et plus tard, lorsqu'à la suite de nos calamités révolutionnaires le goût des lettres et de la science économique se réveilla chez nous. Aujourd'hui, à la distance où nous sommes placés, cette imposante figure nous apparaît avec ses justes proportions et avec l'austère harmonie de ses principales lignes.

Je n'ai pas la prétention de juger Montesquieu et je serai mal venu à me mêler au débat qui, tout en s'affaiblissant, s'agite encore autour de son nom. C'est que les partis n'abdiquent jamais d'une manière complète.

Chaque école, pour aider au succès de ses propres doctrines, cherche dans le passé ses amis et ses ennemis. Elle se compose une cour de ceux qui ont été favorables à la pensée qu'elle croit avoir mission de représenter. Elle proscrit au contraire, à quelque siècle qu'ils appartiennent, les hommes dont les idées émeuvent sa susceptibilité et dont elle redoute l'influence posthume.

L'éclectisme s'est vainement élevé contre cette disposition, en proclamant que les formes du bien et du beau variaient à l'infini et qu'il y avait justice à recevoir dans le grand cercle des produits de l'intelligence humaine les œuvres les plus opposées en apparence.

Quelques esprits, heureusement fort rares, que leur isolement devrait décourager, ont fait revivre de nos jours d'anciennes attaques contre Montesquieu et se sont attribué, par un zèle mal entendu, le droit de reviser les arrêts de l'opinion publique. Ils contestent, si non son génie, du moins ses principes et lui imputent d'avoir, l'un des premiers, préparé le funeste scepticisme du XVIIIe siècle. Mon seul but sera d'examiner avec vous, dans la modeste enceinte de nos séances, ce que vaut une pareille critique.

Les détails biographiques n'auraient que faire ici. Il serait médiocrement utile de rechercher comment s'écoulèrent les premières années de Montesquieu, à quel régime d'éducation il fut soumis, quelles traditions il rencontra au sein de sa famille. Ce qui importe, c'est que nous nous rendions compte de l'état dans lequel se trouvait la France au moment où le publiciste apparut. A cette condition seulement nous pourrons bien apprécier le caractère de ses ouvrages et mesurer la responsabilité qui lui revient.

Il y avait en France un malaise moral indéfinissable et un vague pressentiment de réformes plus ou moins prochaines, lorsque Montesquieu se révéla par une première production que nous parcourrons ensemble tout à l'heure, œuvre satirique, piquante étude de mœurs, sorte de revue, moitié rétrospective, moitié contemporaine qui a été appelée avec esprit et surtout avec raison le plus sérieux des livres frivoles. Les penseurs avaient alors autour d'eux et derrière eux beaucoup de sujets d'observations, beaucoup de faits réalisés qui avaient vivement impressionné les esprits. Le souvenir de la révocation de l'édit de Nantes était encore vivant. Cet acte d'omnipotence avait été diversement jugé. Les uns l'avaient exalté et glorifié au nom de l'unité de l'Eglise. D'autres, non moins dévoués au catholicisme, mais émus d'une pitié profonde à la vue de tant de proscriptions, l'avaient condamné comme une atteinte à la liberté de conscience, comme un outrage à la religion elle-même, et comme une violation des garanties sur la foi desquelles une partie notable de la population avait vécu pendant près de cent ans.

Pascal, si plein de respect pour l'autorité des idées fondamentales, avait quelque temps auparavant traité d'une façon assez légère certaines idées relatives qu'il semblait livrer à la dispute des hommes. Il avait écrit ce mot dont on a trop souvent abusé dans un intérêt de parti : *Vérité en deçà des Pyrénées. Erreur au-delà.*

Les querelles théologiques de Fénelon et de Bossuet avaient aussi laissé des traces que le temps n'avait pas effacées. Cette lutte entre deux prélats éminents qui représentaient, l'un l'austérité inflexible du dogme, l'autre les douces effusions du sentiment religieux, avait divisé les intelligences et accru le goût du libre examen introduit par le jansénisme, par la controverse des *Lettres provin-*

ciales et par l'exemple des sectes dissidentes de l'Allemagne.

Bossuet, encore rayonnant de son triomphe, était devenu l'un des plus intimes conseillers de Louis XIV. Il se faisait peu à peu, au profit de l'Etat — et l'Etat c'était le Roi, — l'orateur et le docteur d'une église gallicane qui, tout en protestant d'une absolue soumission aux décrets de Rome, avait eu soin d'assigner des limites à sa propre dépendance.

Les dernières années du règne de Louis XIV avaient vu naître la nouveauté la plus inattendue. Un programme politique, déguisé sous la forme d'un roman grec, *le Télémaque*, furtivement imprimé au fond de la Hollande, s'était répandu en France où d'ardentes curiosités l'avaient accueilli. L'œuvre de Fénelon apportait des doctrines nouvelles qui, à l'aide d'une transposition, pouvaient s'appliquer à la société moderne. Le devoir des rois envers les peuples et des peuples envers les rois y était tracé d'une main chrétiennement libérale.

Fénelon avait en outre fait parvenir tout près du trône des notes qui contenaient de timides avertissements et qui proposaient quelques-unes des innovations dont les états-généraux admirent plus tard la nécessité.

La préoccupation avait été vive. Mais peu à peu elle avait paru s'éteindre dans les splendeurs de cette grande époque. *Il y avait bien quelques rumeurs*, dit Saint-Simon, *on y prenait à peine garde; tout cela était couvert par le bruit des carrosses du Roi.*

Cependant Louis XIV était mort à la fin de 1715. L'Eglise, en jetant le voile du pardon sur ses faiblesses royales, n'avait pu le consoler de la perte successive de son filset de son petit-fils. Ce double deuil avait attristé ses derniers instants. Du haut de sa vieillesse il n'apercevait plus devant lui que des périls pour le régime absolu qu'il avait si longtemps et si brillamment personnifié.

Louis XIV ne se trompait pas. Le génie de son siècle avait ouvert de dangereux horizons. Le raisonnement prenait la place de la croyance. Le doute interrogeait la tradition et demandait à vérifier ses titres. A la soumission respectueuse et presque passive avait succédé le désir de tout analyser, cette vague et fatale inquiétude qui tourmente les peuples à certains moments de leur existence. En un mot, l'esprit public, puissance moderne, faisait son apparition, et à peine né il réclamait vivement sa part d'influence et d'autorité dans la direction des intérêts généraux.

Le Parlement secondait ces dispositions. Il était enfin délivré d'une contrainte qu'il n'avait pu vaincre par ses résistances, quelquefois puériles et factieuses, quelquefois légitimes et pleines de grandeur. Son premier soin, au retour des funérailles, avait été de compter avec le testament de Louis XIV et de mettre l'interdit sur la clause qui instituait un Conseil de régence.

Les débauches du Palais-Royal et les désastres de la banque de Law avaient suivi de très-près.

Telle était la situation publique. Telle était cette génération, à peine échappée des mains de Louis XIV. Trouble dans les esprits, relâchement des mœurs, affaiblissement des croyances, perturbation des intérêts matériels, — voilà son bilan.

J'insiste à dessein sur la catastrophe financière où je vois une des principales causes de la démoralisation de cette époque. Ce fut comme une image anticipée du désordre révolutionnaire. Il y eut en France un ébranlement et un déplacement de la fortune qui imitèrent les effets d'un jeu de hasard. Bien des seigneurs furent ruinés. Bien des gens à gages furent enrichis et purent acheter les hôtels qui avaient longtemps abrité leur domesticité.

Quand un homme de génie arrive sur la scène au milieu de pareilles circonstances, il faut, sous peine d'être injuste, lui tenir compte des difficultés qu'il a rencontrées, de l'influence contemporaine, inévitable tyrannie, de l'impulsion qu'il a dû recevoir avant de devenir dominateur à son tour.

Montesquieu a publié trois ouvrages principaux dont chacun porte l'empreinte particulière de son génie.

Les *Lettres persanes* sont en quelque sorte la fantaisie de sa jeunesse. Par cette première production, faite à l'image du temps, Montesquieu s'impose à la Régence sous le voile de l'anonyme, et la captive en caressant ses goûts. Il n'avait alors que 32 ans et remplissait les fonctions de président à mortier au parlement de Bordeaux.

Montesquieu entre ensuite dans sa véritable voie. Il se livre à la contemplation des plus grands faits historiques de l'antiquité. Et après un silence de plusieurs années, il donne à la France ses *Considérations sur les causes de la grandeur et de la décadence des Romains*.

Enfin, près du terme de sa vie, il fait paraître l'*Esprit des lois*, œuvre monumentale dans laquelle il résout les problèmes sociaux dont il avait jeté le germe, en se jouant, à travers les *Lettres persanes*.

J'examinerai le plus brièvement possible ces trois ouvrages et nous pourrons reconnaître, Messieurs, si Montesquieu doit être rangé, à un titre quelconque, au nombre de ceux dont les théories trop promptes et trop audacieuses ont poussé le XVIIIe siècle du côté des abîmes.

Les *Lettres persanes* se composent de deux parts bien distinctes. Roman, elles intéressent les mœurs. Pamphlet elles touchent à la politique.

Quoique le roman ne soit dans le livre de Montesquieu qu'un prétexte et un épisode, je ne dois pas le négliger complètement.

Vous savez, Messieurs, sur quel thème s'est exercée la verve de l'écrivain. Usbek a quitté Ispahan et ses palais aux mille couleurs pour visiter l'Europe. Il s'installe à Paris, en 1711, quatre ans avant la mort de Louis XIV, et il échange de fréquentes communications avec ses confidents d'Outre-Mer. C'est une conversation pleine de révélations intimes qui s'engage entre l'Orient et l'Occident.

L'Orient fournira la partie sensuelle de l'œuvre, l'Occident la partie métaphysique.

La peinture des mœurs persanes séduisit la Régence. Cette société avide d'impressions, lasse d'elle-même et de ses propres excès, prit un plaisir immense au spectacle que lui offrait Montesquieu. Elle trouva une diversion à ses joies licencieuses et à sa dépravation turbulente dans le tableau des mollesses et des langueurs lascives de la vie asiatique. Les témérités des eunuques, les conspirations du sérail, le terrible châtiment des coupables, les longs ennuis des femmes dans leurs demeures parfumées, tout cela avait une couleur exotique et présentait un charme original d'opposition que personne en France n'avait encore exploité.

Les tendresses de la favorite sont un mélange de servitude et de passion. Usbek est de la parenté d'Othello. Ses paroles les plus caressantes sont toujours accompagnées de l'éclair d'un poignard orné de pierreries.

Je me garderai, Messieurs, d'admirer sans réserve ces

pages ingénieuses et dangereusement attrayantes. Si l'art vit de grand air et de liberté, il doit avoir aussi sa pudeur. La beauté de la forme n'excuse pas la nudité des images. Mais on est allé beaucoup plus loin. Des censeurs mal inspirés ont voulu rendre Montesquieu responsable de l'immoralité de son temps. C'est un jugement inique. Publiées en 1721, dans le court intervalle qui sépara deux royautés, les *Lettres persanes* ont puissamment distrait l'imagination française. Elles n'ont pu la pervertir. La corruption avait atteint ses limites extrêmes depuis plusieurs années. Le harem d'Ispahan, tel que l'a fait Montesquieu, était un lieu chaste à côté des boudoirs de la Régence. Montesquieu n'a pas créé les vices de son époque. Il les a subis. Loin de les exagérer, il les a spirituellement interprétés sous une forme qui les amoindrit et avec des tempéraments qui les dissimulent.

Laissons de côté ce magnifique encadrement d'arabesques : Voyons maintenant le pamphlet. C'est le pamphlet qui constitue le fond de l'œuvre.

Je ne tiendrai pas grand compte, Messieurs, des réflexions satiriques d'Usbek sur nos usages, sur la vanité et la mobilité du caractère national, sur la pompeuse médiocrité de nos lettres, de nos sciences, de l'Académie, de l'Université, sur les intrigues de la cour de Versailles, sur la dilapidation du trésor public, sur la fragilité des institutions sans cesse menacées par le roi, par la noblesse ou par le peuple. Ce visiteur musulman n'a pas moins de pénétration que de curiosité. Il lui a fallu peu de temps pour saisir d'une façon complète le mouvement des esprits et des idées dans le monde occidental. Il voit tout. Rien n'échappe à son examen et à son impitoyable raillerie. Mais c'est particulièrement l'intolérance qui est l'objet de ses attaques.

A l'apparition des *Lettres persanes* un certain doute sembla s'élever. Etait-ce, en réalité, contre l'intolérance que les agressions de Montesquieu étaient dirigées? Ces agressions ne s'adressaient-elles pas plutôt à la religion elle-même? Montesquieu avait-il voulu outrager le Christianisme, en affaiblir l'autorité et lui substituer les doctrines naissantes de l'esprit philosophique? Avait-il voulu le venger au contraire et donner un conseil de modération à quelques contrées de l'Europe où la discussion dogmatique et la violence tenaient beaucoup trop de place, tandis que la liberté de conscience n'en obtenait pas assez?

Par une singularité qui mérite d'être relevée, par un oubli calculé des règles de la vraisemblance, ce conseil est placé dans la bouche d'un sectateur de Mahomet.

Montesquieu, avec son sarcasme, remplit évidemment un rôle de conciliation. Il semble avoir voulu démontrer que chaque croyance, de quelque nom qu'on l'appelle, se rend respectable par la bonne foi et par la ferveur de ceux qui l'exercent. Usbek n'est point fanatique. Mais il a de vives ardeurs religieuses. Il croit que la vérité sainte a été déposée dans le Coran. *Je rends grâces*, dit-il, *au Dieu tout-puissant qui a envoyé Hali, son grand prophète, de ce que je professe une religion qui se fait préférer à toutes les autres et qui est pure comme le ciel dont elle est descendue.*

Usbek plaint, sans les condamner, ceux que la lumière du livre divin n'a pas éclairés : Pour lui la vertu habite l'Orient. *Heureux les enfants d'Hali!* s'écrie-t-il à la vue des habitudes de l'Europe. *Terre que j'ai quittée, terre natale et chérie, sur qui le soleil jette ses premiers rayons, tu n'es point souillée par les crimes qui obligent cet astre à se cacher dès qu'il paraît dans le noir Occident.*

Et cependant Usbek ne s'indigne jamais. Loin d'afficher

du dédain pour la religion chrétienne, il veut bien lui trouver quelques rapports avec le mahométisme et il ne désespère pas de l'avenir. Une de ses premières lettres, adressée à son cousin, dervis du brillant monastère de Tauris, contient les réflexions suivantes : *Si l'on examine de près la religion des chrétiens, on y trouvera comme une semence de nos dogmes. J'ai souvent admiré la providence qui semble les avoir voulu préparer à la conversion générale. Ici je vois partout le mahométisme, quoique je n'y trouve pas Mahomet. On a beau faire. La vérité s'échappe et perce toujours les ténèbres qui l'environnent. Il viendra un jour où l'Eternel ne verra sur la terre que de vrais croyants. Le temps qui consume tout détruira les erreurs mêmes. Tous les hommes seront étonnés de se voir sous le même étendard. Tout, jusques à la loi, sera consommé. Les divins exemplaires seront enlevés de la terre et portés dans les célestes archives.*

Ainsi, Usbek, ce serviteur zélé du prophète, donne l'exemple de la confiance. Il admire en toute chose les desseins de Dieu. La persécution ne lui paraît pas nécessaire pour le triomphe de la vérité. Il laisse au temps et surtout à la Providence le soin de détruire l'erreur parmi les hommes.

Après avoir placé dans Usbek la tolérance à côté de la conviction, Montesquieu paraît admettre avec le seigneur musulman que les religions, si elles sont dissemblables entre elles, le sont principalement par la forme, par les appareils publics, par les cérémonies, par les pratiques extérieures en général. Les religions diffèrent encore, d'après lui, dans les points de doctrine, dans les dogmes et dans la tradition où il n'aperçoit que l'expression figurée et symbolique de la croyance. Mais, divisées quant au mode de leur manifestation, les religions, suivant Montesquieu, se réunissent dans la communauté des principes fondamentaux qui les constituent. Existence de Dieu, avec ses attributs infinis, immortalité de l'âme, liberté et responsabilité morales, peines et récompenses de la vie immatérielle, ces grandes vérités éclatent à plusieurs reprises, dans les *Lettres persanes*. Montesquieu se résumant lui-même sur ce point a écrit quelque part : *Dieu est comme un monarque qui a plusieurs nations dans son empire. Elles viennent toutes lui porter un tribut et chacune lui parle sa langue. Religions diverses.*

Il serait difficile, Messieurs, d'admettre complètement cette généralisation. Etait-il sans inconvénient de rattacher les divers cultes les uns aux autres et de paraître ainsi supprimer, d'un seul trait, la distance profonde qui les sépare le plus souvent? N'y avait-il pas particulièrement quelque témérité à établir des distinctions dont l'effet semblait être de scinder la religion catholique en deux parts, l'une relative, l'autre absolue, — l'une fondée sur l'usage, l'autre fondée sur les révélations de la conscience universelle, — l'une conventionnelle et humaine, l'autre préexistante et divine? N'était-ce pas s'engager imprudemment dans les voies qui conduisent à la religion naturelle?

Toutefois cette témérité trouvait son explication, je me garderais de dire sa raison d'être, dans les faits contemporains et dans ceux que l'impartialité de l'histoire avait consignés. L'invitation à la tolérance, sauf les exagérations trop hardies des formules. était motivée à plus d'un titre. Je vous ai entretenus, au commencement de cette étude, des dissentiments théologiques et des querelles doctrinales qui avaient troublé la fin du XVIIe siècle. Je vous ai rappelé la révocation de l'édit de Nantes. Montesquieu, remontant plus haut, avait rencontré les guerres religieuses, guerres ardentes comme le sentiment qui les fait naître. Il avait aussi rencontré, en Espagne et en Portugal, les mystérieux et redoutables excès de la procédure secrète.

Il faut le reconnaître, de pareilles violences auraient inévitablement porté atteinte à la religion, si son autorité ne l'eût placée au-dessus des passions humaines.

La pensée de Montesquieu ne pouvait être méconnue. Il avait écrit : *Quand l'immortalité de l'âme serait une erreur, je serai fâché de ne pas la croire; j'avoue que je ne suis pas si humble que les athées : je ne sais comment ils pensent. Mais, pour moi, je ne veux pas troquer l'idée de mon immortalité contre celle de la béatitude d'un jour. Je suis charmé de me croire immortel comme Dieu même. Indépendamment des idées révélées, les idées métaphysiques me donnent une très-forte espérance de mon bonheur éternel à laquelle je ne voudrais pas renoncer.*

Cependant les commentaires hostiles se multipliaient. Il mit un terme à toute équivoque par une déclaration de principes. Montesquieu—ce n'était plus Usbek : c'était le publiciste de l'Europe — Montesquieu s'inclinait devant les idées révélées. Il proclamait la supériorité du Christianisme. *La religion du ciel*, dit-il dans cet écrit, *ne s'établit pas par les mêmes voies que les religions de la terre. Elle traverse, quand elle veut, les mers, les rivières et les montagnes : ce ne sont pas les obstacles d'ici-bas qui l'empêchent d'aller. Mettez de la répugnance dans les esprits, elle saura vaincre ces répugnances. Etablissez des coutumes, formez des usages, publiez des édits, faites des lois. Elle triomphera du climat, des lois qui en résultent et des législateurs qui les auront faites. Dieu, suivant des décrets que nous ne connaissons point, étend ou resserre les limites de sa religion.*

Cette déclaration décisive n'avait pas encore paru lorsqu'en 1728 Montesquieu, qui avait résigné ses fonctions de président à mortier, se présenta comme candidat à l'Académie française. Le cardinal de Fleury, ministre de Louis XV, fit d'abord quelques objections. Il n'avait qu'entendu parler des *Lettres persanes*. Il prit le sage parti de les lire et ses répugnances furent vaincues : le cardinal de Fleury, ancien précepteur du roi, dont il continuait de guider l'inexpérience, était la plus haute personnification des intérêts de l'Etat et de l'Eglise. Ce prélat éminent, moins difficile que quelques critiques factieux de nos jours, n'attendit pas les protestations de l'écrivain pour lui accorder son estime et son suffrage. Les portes de l'Académie s'ouvrirent devant Montesquieu.

L'Académie, dirigée par le maréchal d'Estrées, eut le bon goût de ne pas se souvenir des railleries d'Usbek et Montesquieu paya courageusement son tribut aux usages qu'il avait critiqués.

Peu de temps après sa réception, le nouvel académicien quitte la France; il parcourt l'Italie, la Suisse, les Provinces-Unies, séjourne deux ans à Londres, revient en France, s'enferme pendant deux autres années au château de la Brède et publie son second ouvrage.

Il y a loin, Messieurs, de l'auteur des *Lettres persanes* à l'auteur des *Considérations sur les causes de la grandeur et de la décadence des Romains*. Ce n'est pas que déjà, dans les *Lettres persanes*, Montesquieu n'eût montré, par intervalles, comme je l'ai fait remarquer, le goût de la science politique et de la philosophie de l'histoire. Ce goût le dominera désormais tout entier. Il a examiné de près les constitutions des peuples qu'il a visités. Son séjour en Angleterre lui a surtout été profitable. Nommé membre de l'Académie des sciences, il s'est lié d'un étroit commerce avec les penseurs qui continuent Locke, mort depuis quelques années. Cependant il ne possède pas encore tous les matériaux qui lui seront nécessaires pour le livre de l'*Esprit des lois*. Sans interrompre ce grand travail, commencé depuis longtemps — car les *Lettres persanes* n'ont été elles-mêmes qu'une diversion et un repos accordés à son esprit — Montesquieu se livre à l'étude raisonnée de l'histoire de Rome, expliquant les principaux événements et les principaux acteurs les uns par les autres, n'admettant jamais un fait dont il n'indique la cause et dont il ne déduise les conséquences, analysant dans toutes ses parties, avec une incomparable faculté d'observation, ce long drame, si varié, si tourmenté, si rempli d'enseignements, qui lie le monde ancien au monde moderne.

La puissance romaine se fonde, elle grandit par la guerre et par la conquête, s'affaiblit ensuite par les fautes ou les crimes de ses empereurs, jusqu'au moment où elle s'énerve et s'éteint dans le bas empire.

Ainsi trois âges marqués, trois périodes successives dont chacune aura son caractère et ses péripéties.

Montesquieu voit les causes essentielles de la grandeur du peuple romain dans la nécessité constante où il fut de prendre les armes pour assurer son existence. Comme il ne se donnait à lui-même aucune trêve, il n'eut jamais le temps de désapprendre la guerre et assura par là même sa supériorité sur les nations voisines qu'il combattit tour à tour et auxquelles il imposa sa domination. Le partage du butin et des terres enlevées aux vaincus était un appât puissant qui se joignait au vif sentiment des intérêts de la patrie. De là une communauté politique que les premiers chefs eurent soin d'entretenir et d'exploiter. Ils s'appliquèrent aussi à persuader au peuple que des destinées particulières lui étaient réservées, n'oubliant jamais d'invoquer les dieux avant la lutte et de les remercier après la victoire, ce qui façonna les Romains à la confiance et leur inspira l'orgueil des grandes choses.

Rome eut d'ailleurs la rare fortune de compter, dans ses commencements, plusieurs générations de chefs également remarquables au conseil et à l'action. Ils donnèrent aux institutions une force de vitalité qui les sauva dans plusieurs circonstances.

A mesure que le pouvoir du peuple romain s'étendit, l'émulation et l'honneur du triomphe grandirent aussi. Chaque succès devint l'occasion de fêtes publiques qu'ornaient toujours les trophées des nations subjuguées.

Le besoin de la guerre était tel que Numa, ce vertueux législateur, faillit compromettre la chose publique en voulant établir les bénéfices de la paix. Le peuple romain était né pour agir. La paix, contraire à ses instincts, l'eût condamné à la médiocrité.

Les séditions éclatèrent dans la ville lorsqu'elle fut populeuse. Les partis s'organisèrent. L'aristocratie aspirait à la domination. Pour la réduire il fallut augmenter les priviléges du peuple. Mais, ainsi qu'il arrive toujours, le peuple tourna bientôt sa liberté contre ceux qui la lui avaient donnée. *Les hommes*, dit Montesquieu, *ont eu dans tous les temps les mêmes passions. Les occasions qui produisent les grands changements sont différentes, mais les causes ne diffèrent pas*. Du reste cet état de turbulence inquiète n'était pas fâcheux, car il donnait du ressort aux esprits et il tendait à maintenir dans l'équilibre une puissance dont la loi la plus impérieuse était l'agitation. Quand la tyrannie des Décemvirs pesa sur le peuple, il fut facile de reconnaître que l'oppression nuisait à son énergie et qu'il n'était fort qu'à la condition d'être libre.

Rome dut aussi son agrandissement, suivant Montesquieu, à son habitude de diviser les nations en leur créant des intérêts opposés et en contractant des alliances qui, à défaut d'utilité effective, leur assuraient du moins les avantages de la neutralité. Mais dès que le danger avait disparu, le traité était ouvertement violé. Le peuple allié devenait à son tour un peuple rival, convoité par l'insatiable domination romaine, politique déloyale qui n'a pas déplu à Machiavel, amour impie du succès qui perdrait un état moderne et qui fut un élément de prospérité à une époque où la force tenait lieu de droit des gens et de moralité publique. Montesquieu rapporte plusieurs circonstances dans lesquelles le Sénat lui-même manqua complétement à la foi jurée.

Les Romains n'imposaient pas leurs lois aux peuples qu'ils avaient soumis. Cette modération apparente des vainqueurs ne s'explique, d'après Montesquieu, que par une raison d'état. Il eût été dangereux de créer entre les nations placées sous le joug une autre communauté que celle de la crainte et de l'obéissance.

Mais d'autres périls attendaient le peuple romain. L'extension des conquêtes fit perdre aux légions l'esprit de cité. Retenues pendant de longues années, les unes au-delà des Alpes, les autres au-delà de la mer, elles cessèrent peu à peu d'être romaines, tant elles étaient éloignées de Rome. Le général représentait la patrie absente et devenait suspect au Sénat qui ne pouvait plus ni surveiller ni transmettre facilement ses ordres.

Au même temps, plusieurs peuples d'Italie réclamèrent et obtinrent le droit de bourgeoisie à force de menaces. Ce droit leur avait été longtemps refusé. Rome ne céda que vaincue par la nécessité. Dès ce moment l'unité fit place à la confusion. *Alors*, dit Montesquieu, *la ville déchirée ne forma plus un tout : comme on n'en était citoyen que par une espèce de fiction, qu'on n'avait plus les mêmes magistrats, les mêmes murailles, les mêmes dieux, les mêmes temples, les mêmes sépultures, on n'eut pas le même amour pour la patrie et les sentiments romains ne furent plus.*

Ce fut le signal des discussions intérieures et de la corruption. Quand les légions rentrèrent dans la ville, après une longue absence, elles eurent de la peine à reconnaître Rome qui, de son côté, ne les reconnaissait plus.

Ici se placent les guerres entre Marius et Sylla, les proscriptions, les violences sanglantes de la dictature. La république est perdue. Elle désespère d'elle-même. Deux ambitieux se la disputent, Pompée et César. Pompée est vaincu à Pharsale. César usurpe la puissance souveraine et tombe bientôt, au milieu du Sénat, sous le poignard des conjurés. Mais Rome est vainement redevenue libre. Des mains d'Auguste qui ne peut la ranimer, elle passe aux mains de Tibère, de Caligula et de Néron, oisive, désarmée, acclamant les crimes de ses empereurs, ne demandant à chacun d'eux que du pain et des spectacles en échange de ses adulations et de sa bassesse.

Montesquieu peint d'un trait rapide ces temps de désordre et de dissolution qui furent traversés par Galba, Othon, Vitellius, Domitien, etc... L'antique vertu semble se réveiller parfois avec Vespasien, Nerva, Trajan; mais la grandeur n'est plus, comme autrefois, dans le peuple romain. Elle a péri depuis longtemps. A peine la retrouve-t-on de distance en distance dans quelques âmes qui assistent avec une douleur stoïque au spectacle de cet avilissement.

La ruine est prochaine. Les peuples barbares qui avaient été refoulés vers le nord par la domination romaine envahissent l'Italie. L'empire d'Occident succombe. Les hordes d'Attila occupent la Ville Eternelle et la religion chrétienne apporte à toutes ces populations mêlées les premières formules de la civilisation moderne.

Rome essaie de revivre à Constantinople : effort inutile, les temps sont accomplis. L'empire d'Orient, affermi d'abord par les victoires de Bélisaire, s'affaiblit bientôt par l'invasion des Arabes, par la mollesse de habitudes grecques et par les débordements dont l'impératrice Théodora avait donné l'exemple.

Je n'ai plus le courage de raconter les misères qui suivirent, dit Montesquieu, après avoir parlé de l'arrivée des Turcs. *Je dirai seulement que sous les derniers empereurs l'empire, réduit aux faubourgs de Constantinople, finit comme le Rhin qui n'est plus qu'un ruisseau lorsqu'il se perd dans l'Océan.* Montesquieu termine ainsi, par un seul mot, d'une philosophie austère, l'histoire du peuple le plus puissant qui ait existé.

Ce qui est remarquable dans cette œuvre, ce n'est pas l'enchaînement des faits, ce n'est pas la mise en scène des événements. Les situations ont une grandeur qui leur est propre. Montesquieu s'est borné à les indiquer. Ce qui doit exciter l'admiration, c'est la profondeur de l'analyse, c'est l'étude patiente et judicieuse des causes qui ont amené les transformations successives de la puissance romaine. Montesquieu ne s'arrête pas aux généralités et aux vues d'ensemble, méthode facile, qui satisfait l'imagination des lecteurs et qui suffit par là-même au succès des publicistes médiocres. Il descend aux détails; il interroge les mœurs, interprète les incidents les plus futiles en apparence, et de cette observation analytique il fait jaillir une vive lumière qui se répand sur le tableau tout entier. On a dit avec justesse que les *Considérations sur les causes de la grandeur et de la décadence des Romains* étaient une histoire *à l'usage des hommes d'Etat.*

Cette œuvre, purement politique et spéculative, eut cependant ses détracteurs. Ceux qui avaient signalé les *Lettres persanes* comme un ouvrage irréligieux restèrent fidèles à leur système et ne voulurent voir dans la nouvelle production de Montesquieu qu'une froide exposition, qu'une explication des passions humaines, portant l'empreinte du fatalisme.

A la vérité l'analyse profonde et savante de Montesquieu ne ressemblait point à la grande synthèse théocratique de l'*Histoire universelle* de Bossuet. Cet homme de génie avait passé les peuples en revue et ses regards s'étaient arrêtés assez longtemps sur la puissance romaine. Mais il l'avait examinée à son point de vue. Le but de Bossuet, en jetant les magnificences éblouissantes de sa pensée et de son style sur l'histoire de Rome, considérée comme un épisode de l'histoire du monde, avait été de montrer l'action de Dieu préparant, à travers les révolutions et les catastrophes, l'avénement du Christianisme, élevant et précipitant les empires pour faire tomber sur leurs ruines les clartés de l'Evangile. Cet admirable point de vue devrait être celui de nos jours. La génération à laquelle nous appartenons n'a-t-elle pas bien des motifs de croire à la mystérieuse et incessante participation de Dieu aux choses de la terre?

Montesquieu n'est pas poète et prophète comme Bossuet. Il n'est attentif qu'aux faits humains et il les interprète par leurs causes humaines.

Ce n'est pas qu'il conteste l'action de la Providence. Cette action, il l'a reconnue dans les *Lettres persanes* et il la proclamera plus hautement encore dans l'*Esprit des lois*. Sa croyance à cet égard se manifeste même dans ses *Considérations sur les causes de la grandeur et de la décadence des Romains* ; car il dit, en parlant d'Héliogabale qui tenta de détruire tous les objets de la vénération de Rome : *Ceci, indépendamment des voies secrètes que Dieu choisit et que lui seul connaît, servit beaucoup à l'établissement de la religion chrétienne.* Il faut prendre garde d'ailleurs que Bossuet écrivait pour former l'esprit et le cœur d'un jeune prince destiné au trône, tandis que Montesquieu demandait des enseignements purement politiques aux faits historiques de l'antiquité. Il était rationaliste, non dans le sens fâcheux que la nouvelle langue philosophique a donné à ce mot, mais rationaliste en ce qu'il cherchait la certitude et que, les yeux attachés sur la scène terrestre, il ne tentait pas de pénétrer et de traduire les desseins de Dieu.

M. Villemain, un des hommes qui ont le mieux interprété le XVIIIe siècle, a pourtant indiqué des rapports de parenté intellectuelle entre l'auteur de l'*Histoire universelle* et l'auteur des *Considérations sur les causes de la grandeur et de la décadence des Romains*. Je n'ai été frappé, pour mon compte, que de la dissemblance de ces deux génies.

On a comparé aussi Montesquieu à Tacite. Ils ont un trait commun, l'énergique précision. Mais le laconisme de Tacite a plus de puissance. Il en sort presque toujours un éclair inattendu. Le laconisme de Montesquieu est moins saisissant. Il illumine l'esprit sans le surprendre et le fatiguer. Notons encore cette différence que l'auteur des *Annales*, traçant le tableau des crimes de son époque avec le sentiment de la vieille fierté et de la vieille vertu romaines, s'élève souvent jusqu'à l'indignation, tandis que Montesquieu décrit avec tout le calme philosophique des temps modernes les désastres et l'abaissement de Rome. La similitude se rencontrerait plutôt dans le dialogue d'Eucrate et de Sylla et dans l'épisode de Lysimaque. Jamais le mépris des hommes et le stoïcisme, cet orgueil de la souffrance morale, n'ont été rendus avec plus d'énergie.

Il me reste, Messieurs, à vous entretenir de l'*Esprit des lois*. Un critique éminent a dit : *Entre ceux qui conduisent les nations et ceux qui les égarent, il y a ceux qui les éclairent.* Montesquieu était du nombre de ceux-là. L'*Esprit des lois* résumait les efforts et les méditations de son existence laborieuse. Il parut en 1748, 14 ans après les *Considérations sur les causes de la grandeur et de la décadence des Romains* et marque ainsi le milieu du XVIIIe siècle. C'était en vue de cette production que Montesquieu avait successivement parcouru les diverses parties de l'Europe, interrogeant, avec une curiosité indépendante, les mœurs, les lois et les institutions politiques de chaque pays, cherchant partout les rapports essentiels de convenance et les conditions nécessaires d'harmonie entre la constitution gouvernementale et la constitution morale et physique des peuples, faisant en quelque sorte l'œuvre d'Aristote pour l'appliquer aux temps modernes. L'immensité de la tâche avait épuisé ses forces. Ainsi écrivait-il dans sa préface : *Je demande une grâce : c'est qu'on ne juge pas par la lecture d'un moment du travail de toute ma vie. J'ai bien des fois commencé et bien des fois abandonné cet ouvrage. J'ai mille fois envoyé aux vents les feuilles que j'avais écrites. Je sentais tous les jours les mains paternelles tomber.*

L'apparition de *l'Esprit des lois* fut un événement public. L'Angleterre surtout fit éclater son enthousiasme. Montesquieu y avait noué de nombreuses et puissantes amitiés qui ne lui épargnèrent pas leurs éloges. En France l'accueil fut moins chaleureux. Montesquieu vieilli et tombant de lassitude retrouvait encore sur sa route ses infatigables adversaires. De plus en plus ceux-ci le signalaient comme un ennemi des saines doctrines religieuses et comme un novateur dangereux. Ces accusations étaient injustes. Montesquieu recueillit ce qui lui restait de force et publia, peu de temps avant de mourir, sa *Défense de l'Esprit des lois.*

Pour les esprits non prévenus cette justification était surabondante. *L'Esprit des lois* ne contenait aucune théorie dont l'ordre social pût s'alarmer. Hobbes, le matérialiste anglais, avait contesté le droit des sociétés, nié les idées de justice absolue et fait consister dans la force seule le fondement de tout pouvoir exercé sur les hommes. Montesquieu s'était appliqué à détruire cette erreur impie. Il avait établi la légitimité de l'état social et proclamé, comme Domat l'avait fait avant lui, que les lois humaines, arbitraires et variables dans leur mode d'application, tirent leur principe d'un type éternel. Il admet des rapports d'équité antérieurs à toute institution civile ou politique et il ajoute : *Dire qu'il n'y a rien de juste ou d'injuste que ce qu'ordonnent et défendent les lois, c'est dire qu'avant qu'on eût tracé de cercle tous les rayons n'étaient pas égaux.*

Ainsi l'homme ne crée pas la vérité morale. Il la trouve en lui, mais elle ne vient pas de lui. Cette donnée spiritualiste rayonne sur l'ouvrage entier et en éclaire toutes les parties. De pareils principes hautement exprimés par Montesquieu dès les premières pages de *l'Esprit des lois* devaient donner satisfaction aux plus exigeants et confiance aux plus inquiets. Sa théorie de l'influence du climat sur les mœurs et par suite sur les institutions n'en fut pas moins attaquée avec une extrême vivacité. On s'inscrivit, au nom de la religion, contre une pensée qui semblait faire des tendances morales d'un peuple une question de température. Chose piquante! Voltaire vint cette fois en aide à l'orthodoxie qui dût fort s'étonner de le rencontrer sur son chemin. Il s'éleva en effet contre la théorie du publiciste à laquelle il opposait, comme un démenti, les moines psalmodiant au Capitole et les Grecs, enfants des anciennes républiques, s'inclinant sans résistance sous le joug qui leur était imposé. Il ne fut pas difficile à Montesquieu de renverser cette ingénieuse objection. Les exemples de transformation cités par Voltaire ne pouvaient détruire la règle. Montesquieu avait tiré sa théorie de la nature même des choses, sans entendre contester la puissance du temps et des révolutions.

Quant à ceux qui s'étaient si promptement émus pour les intérêts de la Religion, Montesquieu prit soin de les rassurer. N'était-il pas évident que l'influence du climat avait ses limites et qu'elle pouvait être utilement combattue? La profession de foi de Montesquieu fut très-nette. Il plaça le Christianisme au-dessus de toute controverse, le représentant, non-seulement comme l'élément le plus actif de civilisation, mais encore comme une œuvre sainte. Les autres religions n'ont à ses yeux que la valeur d'un fait. Il les appelle les religions de la terre par opposition à la religion divine. Il ne voit en elles qu'une extension plus ou moins utile des institutions politiques suivant qu'elles répondent plus ou moins au tempérament de la nation.

Montesquieu, près du terme de sa carrière, faisait en souriant le procès de ses détracteurs. On lit cette réflexion dans le recueil de ses dernières pensées : *Voyez où conduit une honnête modération. En Angleterre on trouve que j'ai trop de religion et en France que je n'en ai pas assez.*

Les appréciations politiques de *l'Esprit des lois* offrent le même caractère. Elles ne sont jamais exclusives. Montesquieu n'est d'aucun parti. Il s'attache au bien et au vrai partout où son incomparable sagacité les découvre. Il est libéral. Les nécessités de son époque se révèlent à lui. Mais il tient à ne pas les devancer et il respecte trop son propre génie pour le mettre au service de la destruction.

On trouverait difficilement dans *l'Esprit des lois* un seul principe *révolutionnaire*, suivant l'expression que les événements nous ont imposée. Montesquieu n'est pas un rénovateur. Il désire au contraire l'affermissement et la conservation. Le but qu'il s'est proposé se manifeste clairement dans le passage suivant de sa préface de *l'Esprit des lois*.

Je n'écris point pour censurer ce qui est établi dans quelque pays que ce soit. Chaque nation trouvera ici les raisons de ses maximes et on en tirera naturellement cette conséquence qu'il n'appartient de proposer des changements qu'à ceux qui sont assez heureusement nés pour pénétrer d'un coup de génie toute la constitution d'un Etat.

Et un peu plus loin Montesquieu ajoute : *Si je pouvais faire en sorte que tout le monde eût de nouvelles raisons pour aimer ses devoirs, son prince, sa patrie, ses lois ; — qu'on pût mieux sentir son bonheur dans chaque pays, dans chaque gouvernement, dans chaque poste où l'on se trouve ; — que ceux qui commandent augmentassent leurs connaissances sur ce qu'ils doivent prescrire, et que ceux qui obéissent trouvassent un nouveau plaisir à obéir, je me croirais le plus heureux des mortels.*

N'est-ce pas là, Messieurs, un noble langage? Ne voit-on pas l'homme de bien à côté de l'homme de génie?

L'Esprit des lois ne pouvait réaliser le rêve philanthropique de Montesquieu. Les idées de réforme suivirent passionnément leur cours pendant que cette calme et savante étude du passé défrayait la curiosité de l'Europe. Quarante ans plus tard les Etats-Généraux étaient convoqués.

La Révolution ne s'y méprit pas. Dans ses premiers hommages à ceux qui l'avaient préparée elle omit entièrement Montesquieu et si son nom fut prononcé par une voix isolée dans l'assemblée constituante, il le fut simplement sous la garantie du mot attribué à Voltaire : *Le genre humain avait perdu ses titres. Montesquieu les lui a rendus.*

La proposition en faveur de Montesquieu resta sans effet, malgré le baptême dont elle s'était couverte, et ce ne fut que rationnel. La France, vous le savez, n'a pas été ingrate. Mais elle a dû attendre, pour honorer la mémoire de son grand publiciste, des temps plus réguliers et plus en rapport avec la nature de ses principes et de son génie.

Je n'essaierai pas, Messieurs, l'analyse de *l'Esprit des lois*. Cette analyse a été vainement tentée. Le livre se compose de chapitres sans nombre, écrits en général avec la concision nerveuse de l'aphorisme et n'ayant parfois entre eux que des relations peu saisissables, désordre apparent, dont Montesquieu ne nous a pas transmis le secret. Il me suffira de retracer les principales lignes extérieures de ce vaste monument.

Montesquieu s'était donné la mission de dresser le catalogue, je pourrais dire l'inventaire de toutes les institutions civiles et politiques, de les interpréter, de préciser le caractère et les conditions d'existence de chacune et de formuler un ensemble de préceptes tirés du libre examen des faits.

Rien n'est omis dans *l'Esprit des lois* de ce qui touche à la vie des peuples. Montesquieu interroge les républiques anciennes, fouille le moyen-âge et révèle ensuite aux gouvernements du monde moderne le mécanisme de leurs constitutions. C'est un véritable bilan. Montesquieu semble dire à son époque, inquiète et déjà menacée : *Voilà où vous en êtes. Je vous ai fait connaître le passé. Je vous ai expliqué le présent. Puissiez-vous trouver d'utiles enseignements dans les recherches auxquelles je me suis livré. Recueillez-vous et réflechissez bien, avant de vous engager dans les voies inconnues de l'avenir.*

C'est qu'en réalité, Messieurs, la passion et l'audace sont complètement absentes de l'œuvre de Montesquieu. La prudence et le désir de la conciliation s'y montrent partout. Il laisse quelquefois apparaître des préférences, jamais un esprit de parti ou de système. Il observe et compare. S'il examine les institutions, s'il les rapproche les unes des autres, ce n'est pas pour les mettre en état d'opposition. C'est pour leur apprendre à mieux se connaître, pour leur enseigner la modération et les inviter au perfectionnement.

La constitution anglaise a été, de la part de Montesquieu, l'objet d'une attention particulière. Il se sentait attiré vers ces institutions qui faisaient naître la force du pouvoir de la force de l'aristocratie et qui, rejetant le peuple à une grande distance des classes élevées, lui donnaient la compensation d'une certaine dose de liberté civile et politique. Ces doctrines, bien compromises de nos jours, suffisaient en 1748 au modeste libéralisme de Montesquieu. Il y trouvait des conditions d'équilibre propres à garantir l'indépendance et la tranquillité d'un Etat. Aussi *l'Esprit des lois* obtint-il sans peine ses lettres de naturalisation en Angleterre. On y sut gré à Montesquieu d'avoir décomposé les lois d'un pays rival de la France et d'en avoir mis à découvert les ressorts les plus secrets. Ces ressorts étaient presque ignorés. Ils fonctionnaient si bien et depuis si longtemps, a dit un critique, que l'on n'avait pas été tenté de les regarder de trop près.

Cette sympathie de Montesquieu pour la constitution anglaise dit assez quel était son tempérament politique et ce qu'il faut penser de son prétendu radicalisme.

Si la Révolution française eût trouvé Montesquieu encore vivant et dans la maturité de l'âge, la royauté l'eût compté, malgré ses défiances antérieures, parmi ses soutiens les plus fermes, mais aussi les plus indépendants. Il lui eût adressé de sages remontrances et conseillé des réformes nécessaires. Puis, après la ruine du principe monarchique, dominé par l'invincible gravité des événements, il aurait incliné vers les Girondins, en laissant entre eux et lui une certaine distance. Il n'en aurait pas moins partagé leur sort et en marchant à l'échafaud il aurait pu répéter le mot déjà cité qui tombait de ses lèvres lorsqu'il était attaqué sans merci par d'ardents adversaires qui avaient la prétention de représenter seuls les intérêts religieux : *Voyez où conduit une honnête modération.*

L'honnêteté et la modération se rencontrent en effet constamment dans les œuvres de Montesquieu à côté du génie. Au milieu de ce XVIIIe siècle, si frondeur, si impatient du joug, il s'est particulièrement appliqué à fixer les principes qui assurent la conservation des sociétés. C'est surtout dans l'*Esprit des lois* que ces principes ont été déposés. Nous sommes loin, par le temps et surtout par les événements, des circonstances dans lesquelles écrivait Montesquieu. Mais les règles qu'il a tracées n'ont pas perdu leur importance. La plupart survivent encore. Elles nous restent comme un avertissement après les épreuves que nous avons subies.

Montesquieu a puissamment réagi contre le matérialisme de son temps. Le caractère de ses écrits est une métaphysique élevée et généreuse.

N'oublions pas en outre qu'indépendamment de ce mérite, le premier de tous, il a créé, dans l'ordre intellectuel, l'école des investigations patientes, l'école de l'analyse et de la précision lumineuse, associant dans de justes rapports la raison à la croyance, le libre examen des faits humains aux plus hautes inspirations du spiritualisme.

C'est ainsi, Messieurs, que la postérité l'a jugé et ce jugement sera maintenu. L'injustice et l'ingratitude de quelques-uns ne peuvent avoir d'autre effet que de confirmer l'admiration et la reconnaissance publiques.

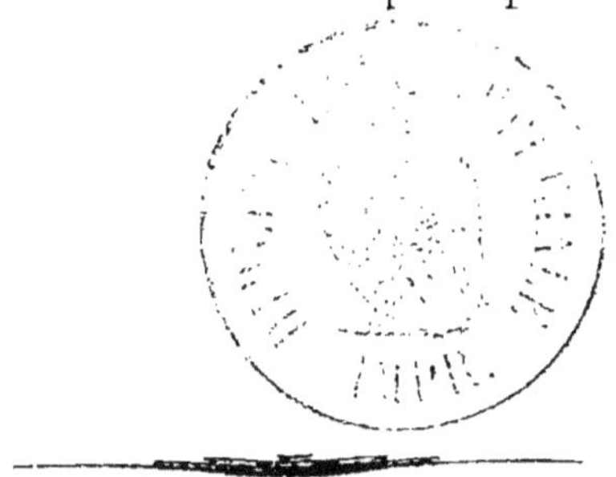

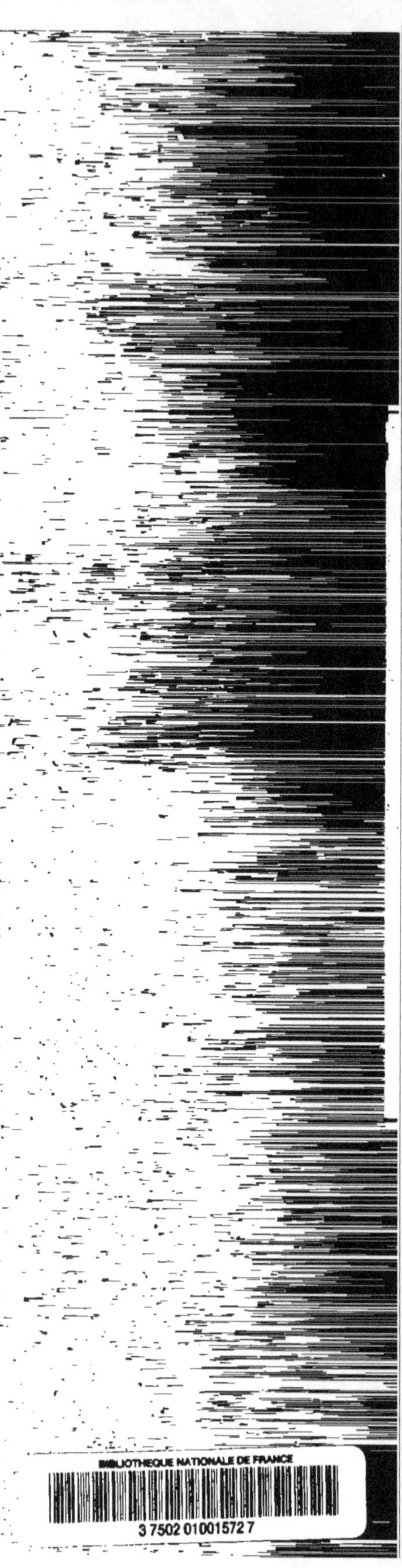

www.ingramcontent.com/pod-product-compliance
Lightning Source LLC
LaVergne TN
LVHW020257230826
846091LV00006B/2451

* 9 7 8 2 0 1 1 7 8 3 2 5 7 *